JÜRGEN HÖLLER

Vitamine für die Seele

Jürgen Höller Academy KG
Carl-Benz-Straße 13
97424 Schweinfurt
Telefon 0049(0)9721-475880
Telefax 0049(0)9721-4758850
E-Mail: info@juergenhoeller.com
Internet: www.juergenhoeller.com

Gestaltung und Satz: Hans Winkens, Wegberg
Druck und Verarbeitung:
Druckhaus Weppert Schweinfurt GmbH
Printed in Germany
ISBN 978-3-9811566-3-8

Für

Mit den besten Wünschen

von

weil

Gedanken haben
Verwirklichungskräfte.

Don't dream it, do it.

Weisheit ist
gelebtes Wissen.

Charles Lindbergh – Der goldene Adler

In den ersten Jahren des 20. Jahrhunderts war Fliegen nur ein paar Verrückten vorbehalten. Unter anderem dem 24-jährigen Postflieger Charles Lindbergh, der bereits drei Flugzeugabstürze überlebt hatte und hörte, dass es einen Preis über 25 000 Dollar für denjenigen gab, der als Erster nonstop von den USA nach Paris fliegen würde.

Charles Lindbergh lieh sich 10 000 Dollar von Geldgebern aus St. Louis, investierte sein eigenes Erspartes über 1 400 Dollar bis zum letzten Cent und gab die legendäre »Spirit of St. Louis« in Auftrag.

Und am 21. Mai 1927, um 22:24 Uhr, nach 33 Stunden, 30 Minuten und 30 Sekunden Flugzeit, landete Charles Lindbergh mit der Spirit of St. Louis, nach einem Flug über 3 614 Meilen nonstop von New York in Paris.

Er hatte auf jegliches überflüssige Gewicht verzichtet, um möglichst viel Treibstoff transportieren zu können. Für seinen Flug hatte er nur vier Sandwiches und zwei Liter Wasser dabei. Man nannte die »Spirit of St. Louis« auch einen »fliegenden Tank mit aufgesetzten Flügeln« ...

Als er wenige Wochen später nach New York zurückkehrte, jubelten ihm 3 Millionen Menschen anlässlich einer Willkommensparade in den Straßen New Yorks zu.

Was muss dieser Charles Lindbergh doch für einen Glauben an sein Ziel gehabt haben, dass er ohne Licht, ohne Radar, teilweise ohne Sicht (Wolken), ohne Funkgerät, über 33 Stunden sitzend in seiner engen Kabine, kämpfend gegen die Müdigkeit und die auftauchenden »Phantome der Nacht« bis Paris durchhielt (einmal schlief er fast ein und flog nur noch wenige Meter über dem Atlantik) und schließlich zum bekanntesten Menschen des Erdballs wurde! Wie schaffte er es bloß seine Angst in Mut zu verwandeln und unbeirrt, gegen alle Widerstände ankämpfend, schließlich seinen Traum zu erfüllen? Er glaubte und vertraute!

Nicht die Segel bestimmen den Kurs,
und auch nicht der Wind –
Du bestimmst ihn!

Der menschliche Geist kann den
Himmel in eine Hölle, und die Hölle
in einen Himmel verwandeln.

Was andere über Dich denken,
geht Dich gar nichts an.

Frage niemals,
ob Du »es« schaffst,
sondern wie.

Armut kommt von
arm-an-Mut!

Katze malen

Ein Katzenfreund hört davon, dass ein ZEN-Meister ein großartiger Maler sei. Er besucht ihn und bittet, ob der Meister seine Katze malen könnte. Der Meister war einverstanden und bat den Mann, in einer Woche wiederzukommen. Doch als der Mann dann nach einer Woche kam, war das Bild noch nicht fertig. Der Meister bat den Mann, in 4 Wochen wiederzukommen. Doch auch zu diesem Zeitpunkt war das Bild nicht fertig. Das Spiel wiederholte sich nach 3, 6 und 9 Monaten. Als der Mann nach genau einem Jahr wiederkam, nahm der Meister Papier und Pinsel und malte in einer Minute die schönste Katze, die der Mann sich nur vorstellen konnte. Wütend fragte er den Meister, warum er denn ein Jahr brauchte, obwohl er doch nur 1 Minute für das Bild benötigt. Da zog der Meister die Schubladen seiner Schränke auf und heraus quollen abertausend Katzenbilder.

Wenig Risiko bedeutet auch
wenig Ruhm!

Alles Negative und Positive,
das wir weggeben,
kommt wie ein Bumerang
wieder zu uns zurück.

Wer aufhört, neugierig zu sein,
hört auf zu wachsen!

JÜRGEN HÖLLER

Was ist Erfolg?

Es lebte einmal ein Mann ...

- der war Sohn armer Eltern;
- wuchs ohne Schulbildung auf;
- hatte keine Beziehungen zu VIP's und Menschen mit Macht und Einfluss;
- hatte keinerlei Unterstützung;
- hatte ungelernte Mitarbeiter ohne Kultur, grobschlächtig und sie erwiesen sich als unbeständig, unsicher, unverlässlich und enttäuschend;
- er erntete Undankbarkeit, Zurückweisung, Unverständnis und Verrat;
- er blieb zeitlebens ohne Partner und hatte keine Kinder;
- er lebte ohne Wohlstand und starb in Armut.

Wie würden Sie einen solchen Menschen beschreiben? Als einen erfolgreichen oder einen erfolglosen Menschen?

Könnten Sie sich vorstellen, dass dieser Mensch der erfolgreichste Mensch aller Zeiten ist ...

JESUS!

Ist es nicht das, was das Leben ausmacht? Immer wieder in Möglichkeiten zu denken, sich von Misserfolgen und Problemen nicht entmutigen zu lassen, um sich auf diese Weise weiterzuentwickeln?

Wenn ein Mensch mit den denkbar schlechtesten Voraussetzungen, mit einem Leben voller Probleme, Rückschlägen und Misserfolgen letztendlich doch so unglaublich erfolgreich wird, dann frage ich Dich: Wer sollte Dich daran hindern, erfolgreich zu sein – außer Du selbst?

Niemand kann mich ärgern,
wenn ich es nicht zulasse!

Wer – außer Dir selbst –
könnte Dich davon abhalten,
erfolgreich zu sein?

Wer das »Warum« kennt,
findet das »Wie« von alleine.

Alles Große hat einmal
klein begonnen!

Wenn die Zukunft besser sein soll,
muss zuerst ich besser werden!

Erfolg buchstabiert man:
T-U-N!

Chancen nutzen

Einem Mann erschien der liebe Gott, der erzählte ihm von großartigen Gelegenheiten, die vor ihm lägen: Reichtum, eine angesehene Stelle, eine schöne Frau. Der Mann wartete sein ganzes Leben, doch nichts geschah. Als er nach seinem Tod vor Gott stand, beschimpfte er ihn. »Du hast mir doch Reichtum, Ansehen und eine schöne Frau versprochen. Doch nichts habe ich bekommen.« »Das stimmt nicht«, sagte der liebe Gott, »ich habe Dir die Gelegenheiten versprochen!« »Das verstehe ich nicht«, sagte der Mann. »Nun, ich schickte Dir doch die Geschäftsidee, doch Du hattest Angst und fandest sie zu riskant. Beim großen Erdbeben hättest Du vielen Überlebenden helfen und zu einem Helden werden können – aber Du verkrochst Dich in Deinem Heim. Und Du erinnerst Dich bestimmt an die schöne Frau in Deiner Nachbarschaft. Du hattest Angst, dass sie nichts von Dir wissen will. Sie wäre Deine Frau geworden – aber so heiratete sie einen anderen.« Da begriff der Mann und weinte bitterlich – denn er hatte alle seine Chancen vertan.

Leben bedeutet:
Hinfallen – Aufstehen – Weitergehen!

Es kommt nicht darauf an,
von welcher Straße Du herkommst,
denn die Richtung Deines Weges
bestimmt, wo Du ankommen wirst.

JÜRGEN HÖLLER

Nur ein bisschen besser sein

Ein kleiner, vielleicht zehnjähriger Junge, beobachtete vom Garten seines Elternhauses aus, wie in seiner Straße ein imposantes, mehrstöckiges Gebäude hochgezogen wurde. Dabei stellte er fest, dass regelmäßig eine große, dunkle Limousine vorfuhr, ein fein gekleideter Herr ausstieg, sich einen Helm aufsetzte, von allen Mitarbeitern höflich gegrüßt wurde und die Baustelle inspizierte. Er nahm an, dass es sich um den Chef handelte.

Eines Tages, als die Limousine mit dem feinen Herrn wieder einmal vorfuhr, nahm er allen Mut zusammen und sprach ihn an: »Entschuldigen Sie, darf ich Ihnen eine Frage stellen?« – »Ja, natürlich, Kleiner!« antwortete der Mann. »Ich möchte wissen, was ich tun muss, um später auch einmal so erfolgreich zu sein wie Sie.« Der Mann überlegte einen kurzen Augenblick, schaute dem Jungen fest in die Augen und sagte zu ihm: »Nun, mein Junge, als Erstes fängst Du mit irgendeiner Arbeit an. Es ist völlig egal, was Du tust, solange es Dir Spaß macht. Mir hat es schon immer Spaß gemacht, seitdem ich ein Kind war, mit Bauklötzchen zu spielen und Häuser zu bauen. Also fing ich eine Maurerlehre an.« – »Und das reicht bereits aus?« fragte der Junge. »Nein«, sagte der Mann. »Schau einmal auf meine Baustelle. Wie sehen meine Arbeiter aus?« – »Alle haben einen blauen Overall an«, stellte der Junge fest. »Stimmt«, antwortete der Mann. »Und wenn Du einmal eine Arbeit, die Dir Spaß macht, angefangen hast, dann schaue hin, was die anderen Kollegen für Kleider tragen. Und wenn alle anderen blaue Arbeitsanzüge anziehen, dann ziehst Du einen roten an.«

Der Junge überlegte, was er mit der Aussage anfangen sollte, verstand sie aber nicht. »Und das soll mir helfen, so erfolgreich zu werden wie Sie?« – »Ja, denn wenn Du als einziger einen roten Anzug anziehst, passiert Folgendes: Dein Vorgesetzter wird regelmäßig die Baustelle inspizieren, und Du wirst ihm dann mit Deinem roten Anzug auffallen. Wenn Du nun ein kleines bisschen besser bist als alle anderen, dann wird er das sehr schnell bemerken, und bei einer anstehenden Beförderung wird er Dich bevorzugen.

Aber Vorsicht: Wenn du ein kleines bisschen schlechter bist als die anderen, wird er auch dies sofort bemerken. Du musst also immer ein kleines bisschen besser sein!« Nun verstand der Junge, und er nahm sich fest vor, es dem erfolgreichen Mann später einmal gleichzutun.

**Es gibt nur zwei Möglichkeiten,
zu versagen:
1. Nie anzufangen!
2. Unterwegs aufzugeben!**

**Gib nie, nie, nie, nie –
gib niemals auf!**

Nach diesem Leitsatz führe auch ich, Jürgen Höller, mein Leben. Wie ich es in der größten Krise meines Lebens wieder schaffte, aufzustehen und neu zu starten, erfährst Du in meinem Buch Und immer wieder aufstehen!

Hier kannst Du Dir die kostenfreie E-Book-Version herunterladen:
www.und-immer-wieder-aufstehen.de

Probleme sind
zu lösende Aufgaben!

Gewinn kommt von Sinn.

Wer mehr verdienen will,
muss zuerst mehr lernen!

Ukrainischer Vogel

Ein Vogel fliegt in der Ukraine zu einem Dorf. Es ist Winter, minus 35 Grad kalt und der Vogel ist von der langen Reise sehr erschöpft. Irgendwann kann er nicht mehr und fällt einfach bewusstlos zu Boden.

Als der Vogel so ohnmächtig auf dem Boden liegt, läuft eine Kuh vorbei und legt einen großen Haufen genau an der Stelle ab, an der der Vogel liegt.

Einige Zeit später wacht der Vogel auf und denkt bei sich, wie warm und schön es doch ist und freut sich, dass er immer noch lebt. Dann fängt er voller Freude an, laut und fröhlich ein Lied zu zwitschern.

Durch dieses Lied wird eine Katze angelockt, holt den Vogel aus dem Kuhfladen – und frisst den Vogel!

Fazit: So manch negativer äußerer Umstand (= Kuhfladen) erweist sich oftmals als positiv für das eigene Leben, und so mancher positiver Umstand (= Befreiung) erweist sich später manchmal als Nachteil.

Geschichte erzählt von Boxweltmeister Wladimir Klitschko.

Positives Denken bedeutet nicht,
dass keine negativen Gedanken kommen,
sondern, dass sie nicht bleiben.

Der größte Verbrecher, den es gibt,
ist der Kummer!
Er raubt den Schlaf, die Freude
und verkürzt das Leben.

Baum der Wünsche

Es begab sich, dass ein armer und einfacher Mann, der während einer Wanderung müde wurde, an einem Baum einschlief, ohne zu wissen, dass es sich um einen Wünsche-Baum handelte. Ein Wünsche-Baum ist ein Baum, der demjenigen bzw. derjenigen alle Wünsche erfüllt, der bzw. die sich länger als eine Stunde im Umkreis von einem Meter unter ihm aufhält.

Als der arme Mann aufwachte, sich rekelte, streckte und langsam wieder ins Hier und Jetzt zurückkehrte, dachte er daran, wie schön es sein würde, wenn er nicht mehr alleine wäre, sondern eine schöne junge Frau hätte. Kaum hatte er diesen Wunsch gedacht, stand eine wunderschöne, junge Frau vor ihm, die ihn verliebt anblickte.

Der arme Mann konnte sein Glück kaum fassen. Er dachte im gleichen Augenblick daran, wie schön es wäre, wenn sie ein gemeinsames Haus hätten. Er hatte es kaum gedacht, da saß er mit seiner schönen, jungen Frau in einem Traumpalast, der direkt neben dem Wünsche-Baum entstanden war.

»Ach, wie schön wäre es, wenn ich jetzt noch viel Geld hätte.« Und wieder geschah das Unvorstellbare: Kaum gedacht, schwamm er plötzlich regelrecht im Geld. Nun hatte er alles, von dem er je geträumt hatte.

Doch nun beschlichen ihn negative Gedanken, solche, die ihn bereits sein ganzes Leben lang geplagt hatten: »Wieso habe ich so viel Glück?« ... »Warum passiert das ausgerechnet mir?« ... »Sicherlich muss ich all' dieses Glück teuer bezahlen!«

Kaum war er mit diesen Gedanken zu Ende, tat sich mit einem Mal die Erde auf, und das herrliche Haus mit dem ganzen Geld verschwand.

Die negativen Gedanken des Mannes verstärkten sich: »Jetzt, da ich arm bin, wird es sicherlich nicht lange dauern, und meine schöne, junge Frau wird mich verlassen.« Wenige Augenblicke später verließ ihn die schöne, junge Frau und verschwand aus seinem Leben.

»Nun habe ich nur noch meine Gesundheit. Hoffentlich verliere ich nicht auch die noch.« ... Kaum gedacht, überkam ihn eine schwere Krankheit. Nun saß er wieder neben dem Baum – ohne Haus, ohne Frau und krank.

»Bei all' dem Unglück, das ich magisch anziehe, muss ich bestimmt bald sterben.« Das waren dann seine letzten Gedanken ...

*Nicht die Konzentration
auf Schwächen,
sondern die Konzentration
auf die Stärken,
ist für den Erfolg entscheidend.*

*Der einzige Mensch,
der Dich jemals unterkriegen kann,
bist Du selbst.*

Wissen ist unser größter Reichtum!

Im Alphabet kommt zuerst
Begeisterung,
dann der Erfolg!

Unsere Ziele und unsere Ängste
bestimmen unser Schicksal.

JÜRGEN HÖLLER

Kölner Dom

Als der mächtige Kölner Dom gebaut wurde, fragte man vier Steinmetze, was denn ihre Arbeit sei:

Der Erste antwortete: »Ich haue Steine!«
Der Zweite: »Ich verdiene mir meinen Lebensunterhalt!«
Der Dritte: »Ich baue eine Kirche!«
Der Vierte: »Ich baue den größten Dom der Welt!«
Wer hat wohl wie viel Motivation bei der gleichen Tätigkeit?

Immer aufstehen,
immer weitergehen,
immer weitermachen
und immer: LACHEN.

Wenn jeder Mensch nur einen
einzigen Menschen
glücklich machen würde,
hätten wir das Paradies auf Erden.

JÜRGEN HÖLLER

Geschichte von Mr. Hinkle

Zunächst einmal beginnt diese Geschichte recht traurig: Mr. Hinkle war in einem Urlaub rückwärts von einer Mauer gefallen und hatte sich dabei das Genick gebrochen. Besagter Mr. Hinkle war nur einfacher Hausmeister in einem Unternehmen gewesen. Bei seiner Beerdigung aber war der Friedhof nahezu überfüllt, da unglaublich viele Menschen der Beerdigung beiwohnten, als ob Mr. Hinkle der Chef eines multinationalen Unternehmens gewesen wäre. Alle Menschen zeigten große Trauer und viele weinten.

Mr. Hinkle hatte es geschafft, sich für diese Menschen wichtig und bedeutend zu machen. Er hatte immer ein bisschen mehr getan, als von ihm erwartet wurde. So hatte er sich für jeden einzelnen dieser Menschen, die bei seiner Beerdigung anwesend waren, ein bisschen unersetzlich gemacht.

In der Straße, in der er gewohnt hatte, hatte er freiwillig den Müll von der Straße aufgepiekt und somit für die sauberste Straße des Orts gesorgt. Obwohl er schon etwas älter gewesen war, war er gemeinsam mit den Kindern Inline-Skates gefahren. Die Kinder hatten sehr viel Spaß mit ihm, und alle Kinder der Nachbarschaft waren traurig über seinen Tod – und natürlich bei seiner Beerdigung anwesend.

Der Chefsekretärin wiederum hatte er regelmäßig frische Blumen aus seinem Garten mitgebracht, anderen Mitarbeitern frisches Obst, Gemüse oder Salat, ebenfalls aus seinem Garten. Für jeden hatte Mr. Hinkle ein freundliches Lächeln und ein liebes Wort übrig. Jeden hatte er mit Namen gekannt und sich für jeden nützlich gemacht.

Glaubst Du, dass Mr. Hinkle ein glücklicher Mensch war, auch wenn er vielleicht in den Augen so manches »Erfolgs-Neurotikers« nur ein »einfacher Hausmeister« war? Es kommt nicht darauf an, was Du tust, es kommt darauf an, wie Du es tust.

Das, was Du heute träumst,
ist morgen schon Wirklichkeit!

Folge immer Deinem Herzen!

Glaube ist Vertrauen
und Vertrauen ist Liebe.

Der Glaube bestimmt das Handeln.
Wenn ein Mensch sagt:
»Ich kann es«, hat er Recht.
Wenn er sagt: »Ich kann es nicht«,
hat er ebenfalls Recht.

Wenn Sie immer nur das tun,
was Sie schon können,
werden Sie auch das bleiben,
was Sie schon sind.

JÜRGEN HÖLLER

Traum der jungen Raupe

Eine junge, stachlige Raupe träumte davon, einmal wunderschön und frei zu sein. Doch die anderen Raupen redeten ihr zu:

»Man ist das, was man ist. Wir müssen uns nun einmal so annehmen, wie wir sind, und nicht davon träumen, wie wir sein könnten. Nimm Dich an, mit Haut und Haaren. Was zählt, das sind die Fakten. Alles andere ist nur sinnlose Träumerei. Niemand kann nun einmal aus seiner Haut!«

Doch die junge Raupe nahm diesen Ratschlag nicht an, denn sie glaubte an ihre Träume! Als die anderen Raupen ihr wieder einmal die Fantastereien austreiben wollten, konnten sie die junge Raupe nicht mehr finden, nahmen zugleich jedoch wahr, wie neben ihnen ein wunderschöner Schmetterling aufflog und davonflatterte. Es war gerade so, als ob Gott gelächelt hätte!

Sei Du selbst

Eines Tages galoppiert ein wunderschönes Rennpferd über Felder und Wiesen. Plötzlich steht das Rennpferd vor dem wunderschönsten Hengst, den es jemals in seinem Leben gesehen hat: Groß, schwarz und kräftig gebaut – der herrlichste, vor Kraft strotzende Ackergaul überhaupt. Was war das schmächtige, kleine Rennpferd schon dagegen? Wie sollte die Rennpferdstute also hoffen können, von diesem wunderbaren Ackergaul beachtet zu werden? Das Rennpferd pflügte den Acker, um ihm zu beweisen, wie toll es war. Dabei hätte sich der Ackergaul ohne weiteres in das grazile, wunderschöne, schnelle Rennpferd verliebt – aber was sollte er mit diesem albernen »Möchtegern-Ackergäulchen« anfangen?

Immer wenn wir uns anstrengen, um jemanden zu gefallen, sollten wir darüber nachdenken, ob es nicht besser wäre, einfach so zu sein, wie wir sind. Damit die anderen die Chance haben, uns genau deshalb zu mögen, weil wir so sind, wie wir sind.

Wer nicht selbst handelt,
wird behandelt!

Blumen muss man pflanzen,
Unkraut wächst von alleine!

Jetzt ist die beste Zeit!

Warum suchst Du den Sinn
Deines Lebens?
Gib ihm doch einfach einen Sinn!

Wenn Du einem anderen
die Treppe emporhilfst, bewegst auch Du
Dich dabei höher und höher.

JÜRGEN HÖLLER

Und es macht doch Sinn!

Als der alte Mann in der Morgendämmerung den Strand entlanglief, bemerkte er einen athletischen Burschen, der Seesterne aufhob und sie ins Wasser brachte. Als er schließlich auf den Burschen traf, fragte er ihn, was er denn mache.

Die Antwort war: »Die Seesterne werden sterben, wenn sie in der Morgensonne noch hier liegen.«

»Aber der Strand geht meilenweit weiter, und es gibt Millionen von Seesternen«, meinte der alte Mann. »Was macht es denn für einen Unterschied?«

Der junge Mann schaute den Seestern in seiner Hand bedächtig an. Dann warf er ihn in die Sicherheit der Wellen: »Für diesen einen macht es schon einen Unterschied!«

Erfolglose erledigen erst
das Unwichtige und schieben
das Wichtige hinaus.

Erfolgreiche Menschen schieben
das Unwichtige hinaus und
erledigen erst das Wichtige.

JÜRGEN HÖLLER

Jeder Mensch hat das Recht zur freien Entfaltung seiner Persönlichkeit!

Jeder entscheidet also selber, ob er Bettler, Alkoholiker oder ein erfolgreicher und glücklicher Mensch sein möchte!

Licht besiegt die Dunkelheit,
das Positive das Negative.

Mut hat der,
der trotz Angst handelt.

Eine Niederlage ist oft
das Saatgut des Erfolges.

JÜRGEN HÖLLER

... auf der Gefangeneninsel Robben Island

So heißt das Buch von Nelson Mandela, dem afrikanischen Unabhängigkeitskämpfer und ersten schwarzen Präsidenten Südafrikas. Er bekämpfte vehement die Apartheid in Südafrika, war dabei auch bereit, Gewaltaktionen durchzuführen, was ihm schließlich 27 Jahre Gefängnis auf der Gefangeneninsel Robin Island einbrachte.

In seiner Autobiographie »Der lange Weg zur Freiheit« beschrieb Nelson Mandela seine Leidenszeit:

Dreizehn Monate nach seiner Verhaftung konnte er zum ersten Mal einige Minuten seine Ehefrau Winnie Mandela sehen – durch ein zehn mal zehn Zentimeter großes Glasfenster und nur über Sprechfunk. Als er verhaftet wurde war seine Frau schwanger mit ihrer Tochter, die er zum ersten Mal 30 Minuten lang durch ein Glasfenster sah und mittels Sprechfunk mit ihr kommunizieren konnte, als diese bereits dreizehn Jahre alt war. Er musste viele Jahre harte körperliche Zwangsarbeit durchführen, bei schlechtesten Lebensbedingungen und knapp bemessener Ernährung. Einmal, als ein

Fluchtversuch eines Mitgefangenen aufgedeckt wurde, durfte er mit seinen Mitgefangenen mehrere Monate nicht mehr kommunizieren. Als er schließlich vom späteren Nobelpreisträger und damaligen südafrikanischen Premierminister Willem de Klark entlassen wurde, wurde er wenig später bei den ersten freien Wahlen zum Präsidenten gewählt.

Er sagte einmal in einem Interview: »Die Werte von Martin Luther King geben einen guten Anstoß. Er sagte: ›Ich habe einen Traum!‹ aber er träumte ihn nicht nur. Jeder von uns sollte einen Traum haben, ein Ziel im Leben, das diese Welt zu einem besseren Ort macht. Aber das wird nie passieren, wenn wir nur träumen. Wir müssen daran arbeiten, unsere Träume wahr werden zu lassen!«

Nicht was geschieht, bestimmt unser Leben, sondern wie wir auf das Geschehene reagieren.

Der heutige Tag ist die Ernte der Vergangenheit, und das Samenkorn Deiner Zukunft.

Der Unterschied zwischen
einem Gewinner und einem Verlierer:
Ein Gewinner handelt!
Ein Verlierer redet immer nur davon
zu handeln!

Der einzige Mut, den Du benötigst,
um erfolgreich zu sein,
ist der Glaube an Dich selbst.

JÜRGEN HÖLLER

Kolonie Maulwürfe

Eine Kolonie Maulwürfe hatte noch nie die Erdoberfläche gesehen. Einige behaupteten, dort sei es schön, einige sagten genau das Gegenteil. Eines Tages machen sie einen ersten Test: Einige steckten ihren Kopf heraus. Eis, Schnee, Wind und Kälte. Zurück erzählten sie: Die Oberfläche ist todbringend. Doch einige glaubten das nicht. Zweiter Versuch im Juni: Warm, schön, Sonne, grün, Leben. Wieder zurück begann ein wilder Glaubenskrieg, ob die Oberfläche nun todbringend oder lebensbejahend sei.

*Bei starkem Wind bauen
die einen Mauern,
die anderen Windmühlen.*

*Die einzigen wirklichen Feinde
eines Menschen
sind seine eigenen, negativen Gedanken!*

*Das größte Risiko, das es gibt,
ist nichts zu riskieren!*

Samenkörner im Gespräch

Ein Bauer säte Samen auf seinem Feld. Zwei Samenkörner, die nebeneinander lagen, kamen ins Gespräch:

»Ich freue mich, wenn sich bald meine Sprossen durch die Erde bohren und die Sonne genießen können. Ich werde meine Knospen entfalten und immer größer und stärker sein.« Und so wuchs das Samenkorn.

Das zweite Samenkorn aber hatte große Angst. Zuerst müsste es eine Wurzel in die Erde bohren. Was würde im Dunklen warten? Und wenn es durch die Erde stößt, könnte eine Schnecke es fressen. »Nein, ich warte erst mal ab, ob alles auch sicher ist!«

Und so blieb der Samen, was er war. Bis ein Vogel kam und das Samenkorn fraß.

Luftballon

Ein Luftballon-Verkäufer in einem Disney-Freizeitpark lässt von Zeit zu Zeit einen Ballon steigen, um Aufmerksamkeit zu erregen.

Ein kleiner schwarzer Junge kommt und fragt ihn, ob auch der schwarze Ballon fliegen würde. Da antwortet ihm der Ballonverkäufer: »Natürlich, mein Junge. Es kommt ja nicht auf die Hülle an, sondern auf die Füllung darin!«

JÜRGEN HÖLLER

Strebe das Ideale an,
um das Bestmögliche zu erreichen.

Ziele sollten wie Fixsterne sein:
Wir können sie vielleicht nicht erreichen,
aber sie weisen uns den Weg.

Es gibt keine Misserfolge,
nur Resultate,
aus denen man lernen kann.

Ein Problem ist
eine interessante Situation!

Erfolg ist abhängig von der Menge
der gelösten Probleme!

Vier Advents-Kerzen

Vier Kerzen brannten am Adventskranz. Es war ganz still. So still, dass man hörte, wie die Kerzen miteinander zu reden begannen.

Die erste Kerze seufzte und sagte: »Ich heiße Friede. Mein Licht leuchtet, aber die Menschen halten keinen Frieden, sie wollen mich nicht«. Ihr Licht wurde immer kleiner und erlosch schließlich ganz.

Die zweite Kerze flackerte und sagte: »Ich heiße Glaube. Aber ich bin überflüssig geworden. Die Menschen wollen nichts mehr von Gott wissen. Es hat keinen Sinn mehr, dass ich brenne«. Ein Luftzug wehte durch den Raum, und die zweite Kerze war erloschen.

Leise, sehr, sehr traurig meldete sich nun die dritte Kerze zu Wort: »Ich heiße Liebe. Ich habe keine Kraft mehr zu brennen. Die Menschen stellen mich an die Seite. Sie sehen nur noch sich selbst und nicht die anderen, die sie lieb haben sollen«. Und im letzten Aufflackern war auch dieses Licht ausgelöscht.

Da kam ein Kind in das Zimmer. Es schaute die Kerzen an und rief: »Ihr sollt doch brennen und nicht aus sein!« Und fast fing es an zu weinen.

Da meldete sich nun auch die vierte Kerze zu Wort: »Hab' keine Angst, so lange ich brenne, können wir auch die anderen Kerzen wieder anzünden!«

Und mit einem Streichholz nahm das Kind Feuer von dieser Kerze und entflammte die anderen Lichter wieder von Neuem. Mit leuchtenden Augen betrachtete das Kind den hellen Kerzenschein. »Und wie lautet Dein Name?« fragte es die vierte Kerze.

»Ich bin die Kerze der Hoffnung.«

Versuche nicht,
Deine Vergangenheit zu ändern,
sondern beginne heute damit,
Deine Zukunft zu gestalten!

Die entscheidende Frage
für Erfolg ist nicht, ob etwas machbar,
sondern ob es denkbar ist!

Allein ist vieles möglich,
mit der Hilfe anderer Menschen
ist alles möglich!

Hilf anderen Menschen,
erfolgreich zu werden, und Du wirst
selber erfolgreich sein.

Paradies und Hölle

Ein Mann stirbt und steht schließlich vor Petrus und muss sich vor dem Jüngsten Gericht verantworten. Bevor Petrus aber sein Urteil fällt, nimmt er den Mann mit sich, um ihm die Hölle zu zeigen.

Als sie die Hölle betreten, traut der Mann seinen Augen kaum: Nicht nur, dass fröhliche Musik gespielt wird, die Tische biegen sich unter Köstlichkeiten. Der Mann fragt Petrus, was denn nun so schlimm an der Hölle sei und dieser antwortet: »Es gibt eine Regel in der Hölle, die besagt, dass man die Köstlichkeiten ausschließlich mit dem dafür bereitliegenden Besteck zu sich nehmen darf.« Erst jetzt bemerkt der Mann, dass Löffel, Messer und Gabeln zwei Meter lang sind und die Menschen, die in der Hölle gelandet sind, verzweifelt versuchen, sich die Köstlichkeiten mit diesem überlangen Besteck in den Mund zu schieben – was ihnen nicht gelingt.

Anschließend besuchen sie den Himmel – und wieder traut der Mann seinen Augen kaum: Er ist eine exakte Kopie der Hölle. »Was ist denn jetzt der Unterschied zur Hölle?«, fragt er Petrus. Und dieser antwortet: »Siehst Du, auch hier gilt die Regel, dass man die Köstlichkeiten ausschließlich mit dem Besteck zu sich nehmen darf, aber hier füttern sich die Menschen mit dem überlangen Besteck gegenseitig!«

Ver-antwort-ung übernehmen
ist die beste Antwort auf die Frage:
Wie werde ich erfolgreich und glücklich?

Überlegt nicht, was Euer Unternehmen
für Euch tun könnte, sondern
was Ihr für das Unternehmen
tun könnt.

JÜRGEN HÖLLER

Ameisenkolonie

Wenn ein Außerirdischer wieder einmal unsere Erde besucht, um nachzusehen, ob sich denn die Menschheit endlich in ihrem Bewusstsein weiterentwickelt hat, so würden die Menschen ein merkwürdiges Bild abgeben, geradeso, als ob sich eine Kolonie Ameisen auf einem Floß befindet.

Und dort gibt es dann verschiedene »Länder«, die versuchen, ein möglichst großes Stück des Floßes für sich als Territorium abzugrenzen. Wenn andere etwas dagegen haben, werden sie kurzerhand so lange bekriegt, bis sie sich beugen.

Es gibt aber auch über alle Ländergrenzen hinweg unterschiedliche Religionen, an die die Ameisen glauben. Und jede der Religionen sagt den seinen, dass nur diese den Weg in den Ameisenhimmel aufzeigt. Und wenn andere etwas ganz anderes behaupten, werden sie bekriegt.

Die Ameisen arbeiten außerdem in verschiedenen Firmen. Dabei geht es in der Regel nicht etwa darum, dass jeder genügend zu essen durch seine Arbeit bekommt, es geht darum, dass man einfach besser ist, als die anderen Firmen. Und wer das nicht akzeptiert – der wird bekämpft.

Und innerhalb dieser Ameisenfirmen gibt es unterschiedliche Abteilungen. Und jede will die beste sein. Sollte eine andere Abteilung da etwas dagegen haben, dann wird sie, richtig, bekämpft.

Dann kämpfen noch die einzelnen Mitarbeiter in den Abteilungen gegeneinander, Nachbarn gegen Nachbarn, Brüder gegen Brüder, Fußballvereine ...

Und während auf dem Floß ein einziges Kämpfen vorherrscht, sieht der überraschte Außerirdische von oben, dass das Floß nur noch 200 Meter von den Niagara-Wasserfällen entfernt ist ...

Fröhlichkeit ist gut für die Gesundheit,
Mutlosigkeit raubt einem die letzte Kraft.

Der Optimist sieht in jeder Schwierigkeit
eine Chance, der Pessimist sieht in
jeder Chance eine neue Schwierigkeit.

*Wer sich erinnern kann,
ist Meister der Vergangenheit,
wer sich wandeln kann,
ist Meister seiner Zukunft!*

*Deine Größe richtet sich
nach Deinen Taten – und nicht
nach Deinen Vorsätzen.*

Frosch im Kochtopf

Wenn man einen Frosch in einen Topf mit heißem Wasser wirft, dann springt der grüne Geselle auf der Stelle wieder aus dem Topf heraus. Dabei hat er sich vielleicht ein paar kleine Verbrühungen zugezogen, aber die sind bald überwunden ... und er lebt fröhlich weiter!

Wenn man jedoch einen Frosch in einen Topf mit kaltem Wasser steckt, und dann anschließend das Wasser ganz langsam erhitzt, bleibt der Frosch im Kochtopf sitzen. Er bleibt sitzen und sitzen und sitzen – bis er in dem heißen, kochenden Wasser umkommt!

Und so wie diesem Frosch, so geht es vielen Menschen: Sie leben ihr Leben so, dass es ihnen langsam aber sicher immer schlechter geht – aber sie schaffen es nicht, dieses Leben zu verändern, also »aus dem Kochtopf zu springen«. Ja, durch die langsame Verschlechterung merken viele Menschen oft gar nicht, dass sich ihre Lebensqualität immer mehr zum Negativen wendet.

Bist Du schon aus dem Kochtopf gesprungen? Oder gehörst Du zu den Menschen, die sich noch darin befinden?

Cäsars Plan

Cäsar wird von einem Philosophen gefragt, was er für Pläne habe. »Wir werden als Nächstes Germanien erobern.« »Und danach?« »Danach werden wir Gallien erobern«. »Und dann?« »Dann kommt Spanien an die Reihe und dann Britannien«. »Und was kommt nach den ganzen Eroberungen?« »Dann können wir glücklich und in Ruhe leben.« »Könnten wir das nicht schon jetzt?« fragte ihn der Philosoph.

Ein Erfolgsgeheimnis heißt:
Beginne!

❤ 63

Kritikern wurde noch nie
ein Denkmal gebaut – den Kritisierten
dagegen schon oft.

Lachen ist die beste Kommunikation zwischen zwei Menschen.

Kein Geld der Welt kann ein Wort zurücknehmen, das Du ausgesprochen hast.

JÜRGEN HÖLLER

Ich liebe Dich, mein kleiner Schatz!

Ein Mann hatte eine Frau und eine kleine Tochter, die er beide sehr liebte. Immer, wenn er Zeit fand, nahm er sein Töchterchen auf den Schoß, schmuste mit ihr und sang ihr ein Lied mit dem Refrain vor: »Ich liebe Dich so sehr, mein kleiner Schatz!«

Als das Mädchen in die Schule kam, und ihr Vater immer noch regelmäßig dieses Lied anstimmte, wenn er sie sah, schmollte sie: »Bitte, Papa, sage doch nicht immer, ich liebe Dich, mein kleiner Schatz – denn ich bin doch schon ein großes Mädchen und nicht mehr klein!« Da lachte ihr Vater, hörte aber nicht auf dieses Lied zu singen.

Einige Jahre später war sie in der Pubertät und ihr Vaterstimmte immer noch dieses Lied an: »Ich liebe Dich so sehr, mein kleiner Schatz, ich liebe Dich so sehr, mein kleiner Schatz!« Leider praktizierte er dies auch in Gegenwart ihrer Freundinnen, so dass es seiner Tochter peinlich war und sie ihn bat, es doch nicht mehr zu singen. Er lachte dann und versprach ihr lediglich, es nicht mehr zu singen, wenn ihre Freundinnen und Freunde dabei waren.

Auch viele Jahre später, als sie längst verheiratet war, eine eigene Familie gegründet hatte und nicht mehr in der gleichen Gegend wohnte, stimmte er immer dieses Lied an, wenn er mit ihr telefonierte oder sie sah: »Ich liebe Dich so sehr, mein kleiner Schatz!«

Wiederum einige Jahre später bekam sie einen Anruf, dass ihr Vater, der an Krebs erkrankt war, auf die Intensivstation des Krankenhauses eingeliefert worden war. Sie eilte sofort ans Krankenbett und als sie ihren einst so großen, starken Vater zerbrechlich, ausgemergelt und schwach auf dem Krankenhausbett sah, zerbrach es ihr Herz. Er war so schwach, dass er sich nicht mehr bewegen und nicht mehr sprechen konnte. Lediglich seine Augen waren noch lebendig. Sie schmiegte sich an ihren Vater und dachte an all die wundervollen Momente, die sie gemeinsam mit ihm erlebt hatte.

Und jetzt bedauerte sie, dass sie nicht mehr dieses Lied von ihm hören konnte, das er ihr zeitlebens vorgesungen hatte. Doch als sie ihren Kopf auf seine Brust legte, hörte sie dieses Lied von seinem Herzen: »Ich liebe Dich so sehr, mein kleiner Schatz, ich liebe Dich so sehr, mein kleiner Schatz, ich liebe Dich so sehr, mein kleiner Schatz!«

Jedem Menschen geht es letztendlich immer um eines: Glücklich und zufrieden zu sein!

Ein Mensch ist dann bedeutend, wenn er vielen Menschen etwas bedeutet.

Ich bin wichtig – nur dann,
wenn ich für andere wichtig bin.

Wer selber nicht mehr
lächeln kann,
benötigt das Lächeln der anderen.

JÜRGEN HÖLLER

Torwächter

Im Mittelalter kommt ein Reisender zum Burgeingang und fragt den Torwächter: »Wie sind die Leute hier so?« Der Torwächter fragt ihn, wie denn die Leute in der Burg waren, wo er herkommt. »Mürrisch, abweisend und unfreundlich sind die«, antwortet der Reisende. »Genau so sind sie hier auch.«

Da kommt ein weiterer Reisender zufällig aus der gleichen Stadt – und auch er fragt den Torwächter, wie die Bewohner denn seien, und dieser fragt: »Wie waren sie denn da, wo Du herkommst?« »Die waren nett, freundlich, offen und gastfreundlich«, freut sich der Reisende. »Genau so wirst Du die Burgbewohner hier ebenfalls antreffen!«

Zauberspiegel

Eine alte Sage erzählt von einem Zauberspiegel, der die Menschen so wiedergibt, wie sie in Wirklichkeit sind – den wahren Charakter, die wahre Persönlichkeit.

Ein Pilger kam eines Tages sehr ärmlich daher und sah in den Spiegel. Er sah einen Mann, stark, kraftvoll, strahlend, mit hohem Selbstvertrauen! Fortan glaubte er, dass das sein höheres Selbst sein müsse. Er begann, sich so zu verhalten und so zu fühlen, wie der, den er gesehen hatte. Und eines Tages – war er der Mann, den er einstmals in diesem Spiegel gesehen hatte.

Das, was Du über Dich denkst,
das wirst und bist Du!

Mit 20 hatte ich das Gesicht,
das Gott mir gegeben hatte.
Mit 40 das Gesicht, das mir das
Leben gegeben hatte, und mit
60 das Gesicht, für das ich selbst
verantwortlich bin.

Vieles, was Dir passiert, ist not-wendig,
da oft erst die Not etwas wendet.

Jede Sache, jedes Ding, das passiert,
hat auch sein Gutes.
Auch, wenn uns das oft erst sehr viel
später bewusst wird.

Nachteil oder Vorteil?

Der König eines asiatischen Landes hatte an seinem Hof einen weisen Berater, der im Lauf der Zeit sogar sein Freund wurde.

Eines Tages, als sie wieder einmal auf der Jagd durch den Dschungel waren, trennte sich der König beim Durchschreiten des Dschungels versehentlich mit seiner Machete die Hälfte der linken Hand ab. Er blutete stark und schrie vor Schmerz. Doch sein Freund entgegnete lediglich: »Nimm es einfach von der positiven Seite. Vielleicht ist es ja einmal von Vorteil für Dich, dass dieser Unfall heute passierte. Deshalb hör auf zu jammern und freu Dich!« Daraufhin wurde der König angesichts seiner verkrüppelten Hand sehr wütend und schmiss seinen Berater in den Kerker.

Die Zeit verging und manchmal dachte der König voller Wehmut zurück an die schönen, gemeinsamen Tage. Immer öfter kam ihm der Gedanke, er könnte seinen Berater vielleicht begnadigen. Doch sein Stolz ließ es noch nicht zu.

Eines Tages schritt er wieder einmal alleine durch den Dschungel, als ihn ein paar Kannibalen eines Urwaldstammes gefangen nahmen. Sie brachten ihn in ihr Dorf und wollten ihn aufessen. Doch da entdeckte der Häuptling die verkrüppelte Hand des Königs. »Mit einem solchen Opfer werden wir die Götter nur zornig stimmen«, beschloss er und ließ den König wieder laufen.

Daraufhin entließ der König sofort seinen Berater aus dem Kerker und entschuldigte sich bei ihm: »Du hattest Recht. Ohne den damaligen Unfall und meine verkrüppelte Hand wäre ich jetzt tot. Aber sag mal, nachdem Du so lange Zeit im Kerker verbracht hast, musst Du doch ziemlich böse sein?«

»Warum denn? Ich bin Dir sogar sehr dankbar, denn wenn Du mich nicht in den Kerker gesperrt hättest, hätte ich Dich bei der Jagd begleitet und dann hätten sie mich jetzt geopfert und aufgegessen ...«

Wichtiger, als die Wege richtig zu gehen,
ist es, die richtigen Wege zu gehen.

Die meisten Menschen überschätzen,
was sie kurzfristig, und unterschätzen,
was sie langfristig erreichen können!

Selbst im Alphabet
steht Arbeit vor Erfolg!

Zeige mir einen Menschen mit klaren Zielen, und ich zeige Dir einen erfolgreichen Menschen.

JÜRGEN HÖLLER

Rostiger Pflug

Ein rostiger Pflug lag neben einem glänzenden Pflug auf dem Acker. Der rostige Pflug blickte den glänzenden Pflug bewundernd, aber auch ein bisschen neidisch an.

Schließlich fragte er ihn: »Sag mal, wie kommt es, dass Du so glänzend und so schön bist, dass Dich alle Menschen bewundernd anschauen – während ich, der ich so hässlich bin, links liegen gelassen werde?« Daraufhin antwortete der glänzende Pflug: »Ich arbeite!«

Die Hummel

... hat eine

Flügelfläche von

0,7 Quadratzentimetern

bei einem Gewicht von

1,2 Gramm.

Nach den

bekannten Gesetzen

der Aerodynamik

kann sie nicht fliegen.

Die Hummel weiß das nicht ...

... sie fliegt einfach.

JÜRGEN HÖLLER

Wer seine Träume lebt,
besitzt den Schlüssel zum Glück.

POWER-DAYS

JÜRGEN HÖLLER
ACADEMY

Hast Du schon einmal mein Intensiv-Seminar POWER-DAYS besucht?
Falls nein, dann ist das etwas, das ich Dir wärmstens ans Herz lege.
Informiere Dich unter:

www.power-days.info

Dort kannst Du Dich auch direkt zu
Deinem Wunschtermin anmelden.